HUDE

D1727915

ISENSEE VERLAG
OLDENBURG

HUDE

kleiner Führer

Text und Fotos:
Nils Aschenbeck

NILS ASCHENBECK,

geb. 1965 in Hamburg. Freier Autor. Zahlreiche Veröffentlichungen zur deutschen Kulturgeschichte. 1986 Bremer Preis für Heimatforschung, 1993 Deutscher Preis für Denkmalschutz. Die Großmutter des Autors stammt aus Hude – sie ist die Tochter eines Kolonialwarenladenbesitzers, der an der Huder Parkstraße ein Geschäft unterhielt.

Recherche: Nils Aschenbeck und Karolin Bubke
Redaktion und Texte: Nils Aschenbeck unter Mitarbeit von Karolin Bubke.

Das Foto auf dem Umschlag zeigt das Gutshaus von Witzeben,
das ehemalige Abtshaus des Huder Klosters.

Fotos: Ingo Möllers (S.47, 48/49). Alle übrigen Fotos: Nils Aschenbeck

Bibliografische Information der Deutschen Bibliothek
Die Deutsche Bibliothek verzeichnet diese Publikation in der Deutschen National-
bibliographie; detaillierte bibliographische Daten sind im Internet über http://dnb.
ddb.de abrufbar.

ISBN 3-89995-374-6   ISBN 978-3-8999

© Isensee Verlag, Haarenstraße 20, 26122 Oldenburg -
Alle Rechte vorbehalten
Gedruckt bei Isensee in Oldenburg

Inhalt

Die Klosteranlage in Hude von Norden gesehen.

Ein besonderer Ort
zwischen Wald und Moor

Das Kirchspiel Hude ... bietet, ohngeachtet seiner häufig öden Striche, doch manche Gegenden dar, welche das Schönheitsgefühl mächtig ansprechen. Windet der Wanderer sich hier durch düstere starrende Heide und dort durch rollenden Flugsand, so wird er nicht selten überrascht von Ansichten, die gleich Oasen mit Gebüsch und Kornfeldern gekrönt ihm entgegenlachen, und in ihrer abwechselnden Lage und den dadurch erzeugten hübschen Partien einen angenehmen Naturgenuß gewähren.

Pastor Konrad D. Muhle, Hude 1826

In Hude herrscht eine besondere Atmosphäre. Hude ist stiller, ist geheimnisvoller als andere Orte im Nordwesten. Vielleicht sind es die dunklen Wälder – der Hasbruch und das Reiherholz –, die diesen Eindruck erwecken, den man einst, vor 200 Jahren, auch »romantisch« nannte. Vielleicht ist es die große Vergangenheit des Ortes, die in das Mittelalter, ja die bis in die Zeiten zurückreicht, als die Menschen Bohlenwege durch das Moor bauten.

In den vergangenen Jahren hat sich das stille Hude beachtlich entwickelt. Der kleine Ort an der Grenze zwischen Geest und Marsch, zwischen Wald und Moor, profitierte von der Nachbarschaft zu den Städten Oldenburg und Bremen sowie von der hervorragenden Verkehrsanbindung durch Autobahn und Eisenbahn. Viele Städter, die die Natur lieben, haben sich in den letzten Jahren in Hude niedergelassen, haben Einfamilienhäuser errichtet und dazu beigetragen, daß sich der Ort erfolgreich entwickeln konnte. Heute leben über 15.000 Menschen in Hude.

Doch im Gegensatz zu anderen Gemeinden ist Hude keine verschlafene Vorstadt geworden. Die Einfamilienhäuser der Neubürger bestimmen zum Glück noch nicht das Bild des Ortes. Hude besitzt vielmehr eine tief verwurzelte eigene Identität.

Das Huder Selbstbewußtsein gründet auf einer Reihe von Qualitäten, die der Ort aufzuweisen hat.

1. Hude hat die Parkstraße. Filialisten sind an der Parkstraße, der Einkaufsstraße des Ortes, noch in der Minderzahl. In Hude kann man in alteingesessenen Geschäften einkaufen und anschließend in drei Cafés ausspannen.
2. In Hude begegnet man großer Geschichte auf Schritt und Tritt. Vor allem im Klosterbereich mit der Klosterruine, der Torkapelle, dem ehemaligen Abtshaus, der Wassermühle und weiteren sehenswerten Nebenbauten, die sich noch in Nutzung befinden,

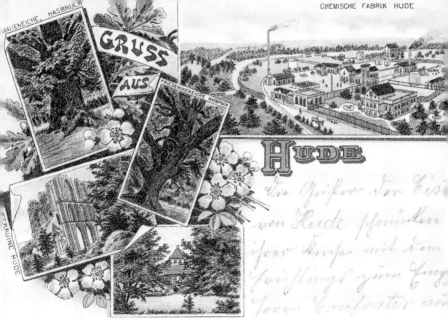

Postkarte um 1900: Das Kloster, die alten Eichen, das Haus der Familie von Witzleben und die Chemische Fabrik galten damals als die Sehenswürdigkeiten des Ortes.

ist die große Vergangenheit allgegenwärtig. Der Klosterbezirk ist ein Kleinod am Rande der Stadt, das im Nordwesten seinesgleichen sucht. Doch auch die Villen an der Parkstraße und an der Vielstädter Straße, die alten Bauernhäuser am Hasbruch oder die einsame Kirche auf dem Holler Sandberg sind Zeugnisse einer großen, vielfältigen Geschichte.

3. Die naturräumliche Situation in der Gemeinde ist bemerkenswert. Im Bereich der Gemeinde Hude fällt die Geest ab zur Marsch, von 31 Meter über Normalnull bis auf 20 cm unter Null. Die Bahnlinie nach Oldenburg markiert in etwa die Grenze zwischen den unterschiedlichen Landschaftszonen. Während auf der Geest Wälder stehen und Ackerbau betrieben wird, während hier die Bäke durch eine leicht hügelige Landschaft mäandriert, erscheinen die Marsch und das Moor flach und manchmal eintönig. Breite Kanäle fließen hier träge durch das Wiesenland oder durch weitläufige, wiedervernässte Moore. Besonders eindrucksvoll ist der Übergang vom Wald zum Moor bei Pfalhausen. Wenn man von der Gaststätte »To'n drögen Schinken« zur Rekonstruktion des durch die Moore führenden Bohlenweges marschiert (und fast immer ist es ein ganz einsamer Weg), sieht man linker Hand die hohe, bewaldete Kante der Geest und rechter Hand das von Kanälen durchzogene Birkendickicht des Wittemoores, das über viele Kilometer nach Nordwesten reicht. Die Huder nennen das Moor, das heute ein Naturschutzgebiet ist und das nicht mehr betreten werden darf, »Wildbahn«.

4. Es ist fast ein Beleg für die stille, geheimnisvolle Atmosphäre des Ortes, daß im Waldgebiet Hasbruch, das auf der Grenze zwischen den Gemeinden Ganderkesee und Hude liegt, Tausendjährige Eichen stehen. Zahlreiche Baumriesen sind leider umgestürzt – der starke Ausflugsverkehr war ihnen zu nahe gekommen, hatte den Boden verdichtet. Viele Wanderer hatten es sich zudem nicht nehmen lassen, selbst einen der Baumriesen zu besteigen – ungeachtet der Schäden, die durch diese Handgreiflichkeiten an den teilweise über 1200 Jahre alten Bäumen entstanden. Legendär ist bis heute die Amalieneiche, der schönste und älteste Baum des Waldes, der in den 1980er Jahren umgestürzt ist. Bis heute in voller grüner Pracht steht die Friederikeneiche, die zweitälteste Eiche in Deutschland überhaupt. Sie ist älter als das Kloster Hude, ja, dieser lebende Baum ist altehrwürdiger als jedes steinerne Baudenkmal der Region, sieht man einmal von den Großsteingräbern ab.

5. Natürlich gibt es auch ein modernes Hude, einen Ort der Arbeit. Vor allem die Eisenbahnlinie von Bremen nach Oldenburg, die durch das Huder Zentrum führt, begünstigte die Industrieansiedlung. Zu den ersten Unternehmen, die in landschaftlich reizvoller Umgebung ansässig wurden, gehörte eine Chemiefabrik, die neben anderen Produkten auch das Benzin »Hudolin« herstellte. Bereits 1914 mußte das Unternehmen verlagert werden – die Belastung der Umwelt, vor allem der Kanäle, Bäche und Gräben war zu groß geworden. Andere Unternehmen sind ausdauernder und in der Produktion sauberer. An der Hohen Straße unweit der ehemaligen Chemiefabrik werden bei »amazone« Landmaschinen hergestellt. Im südlichen Teil der Gemeinde verdeutlichen die weithin sichtbaren Schornsteine den Standort des Klinkerwerkes Knabe, das aus einer alteingesessenen Ziegelei hervorgegangen ist.

Die vorliegende Broschüre soll allen Interessierten die Schätze der Gemeinde offenbaren: die Villa des Ölbarons, der Münstermann-Altar auf dem Sandberg oder der Bohlenweg bei Pfahlhausen. Sie beschreibt den Klosterbezirk, die Bedeutung der Bahnlinie, die Häuser an der Parkstraße, die Villen der Bauern in Holle sowie das Niedersachsenhaus in Vielstedt und ist ein Führer zu den schönsten und interessantesten Punkten in Hude. Nur die Auswahl ist mit Sicherheit unvollständig – weil subjektiv.

Nils Aschenbeck

Einst Torkapelle des Klosters, heute die evangelische Kirche des Ortes – gesehen von der Brücke über den Huder Bach unterhalb der Wassermühle.

Der Klosterbezirk

»Obgleich dieser Fleck nur einen geringen Umfang hat, und durch Zeitumstände an seinem ehemaligen Glanze verlor: so stößt man hier doch allenthalben auf einen Boden, wie ihn kein Kirchspiel des Vaterlandes in dem Maße aufzuweisen vermag, einen Boden, den man mit ganz eigenem Gefühle betritt, als würde die Vorwelt wieder laut.«

Muhle 1826

Die Gründung des Huder Klosters erfolgte im 13. Jahrhundert: Graf Christian von Oldenburg kehrte 1192 von einem Kreuzzug aus dem Heiligen Land zurück. Doch kurz vor seiner Heimatstadt, in der Ortschaft Bergedorf, wurde er in einen Hinterhalt gelockt – und ermordet. Seine Familie ließ am Tatort ein Kloster errichten, das im Jahr 1232 als Männerkloster nach Hude verlegt wurde.

Doch die Mönche litten wiederholt unter den Auseinandersetzungen zwischen dem Bremer Erzbischof und den Oldenburger Grafen auf der einen und den Stedinger Bauern auf der anderen Seite. Es gab wiederholt Übergriffe der Stedinger auf das Kloster – selbst die Wohnhütten der Brüder wurden in Brand gesetzt. Nach der blutigen Schlacht bei Altenesch, in der die Stedinger vernichtend geschlagen wurden, hatte das Kloster jedoch nichts mehr zu befürchten – im Gegenteil: ein Teil der Beute, die sich Erzbischof und Graf nach der Schlacht einverleibt hatten, kam dem Kloster zugute. Eine gewaltige Anlage aus Stein wurde errichtet, zu der bald auch ein riesiger Grundbesitz gehörte. Die Zisterziensermönche betrieben auf dem Klostergelände zudem eine Ziegelei, deren Produkte zum Bau des Klosters, aber auch für viele andere Gebäude in der Umgebung genutzt wurden. Bis zum Ende des 15. Jahrhunderts konnten die Mönche in Hude jetzt ungestört leben, beten und arbeiten. Im Jahre 1482 kam Hude jedoch mit der Burg und Grafschaft Delmenhorst zum Bistum Münster. Der Bischof ließ das Huder Kloster plündern und die Mönche vertreiben, denn er wollte mit aller Macht verhindern, daß der Oldenburger Graf Delmenhorst über das strategisch wichtige Kloster, das durch seinen hohen, sicheren Bau nahezu eine Festung darstellte, wiedererobern konnte. Sein Delmenhorster Drost Wilke Steding begann 1536 mit dem Abbruch der Klosteranlagen: Kreuzgang, Vorwerk, Pferdestall, Backhaus und Klostermauern wurden zerstört, verwertbare Baumaterialien unter anderem in Cloppenburg und Delmenhorst wiederverwendet. Noch heute stößt man gelegentlich bei Hausabbrüchen oder Umbauten auf die großen, handgestrichenen Klosterformatsteine, die vor allem noch in alten Fundamenten stecken.

KLOSTER HUDE

Graf Anton I. von Oldenburg klagte 1537 vor dem Reichskammergericht, um die völlige Zerstörung zu verhindern, er hatte aber keinen Erfolg. Erst zehn Jahre später konnte er Delmenhorst wiedergewinnen.

In einer Urkunde von 1548 wird erwähnt, dass das Kloster Hude von Abt und Mönchen verlassen worden sei. Sie hätten sich auf den zum Kloster gehörenden Höfen in der Umgebung niedergelassen, das Kloster werde nun von Anhängern Luthers besetzt gehalten. Graf Anton I. führte kurze Zeit später die Reformation ein und übergab die ehemalige Torkapelle der neuen evangelischen Kirchengemeinde Hude.

1683 erhielt der Landdrost der Delmenhorster Grafschaft, Kurt Veit von Witzleben, die Klosteranlagen als adlig freies Gut. Er ließ das alte Abtshaus zum Herrenhaus umbauen. Die Huder Linie der von Witzlebens starb 1931 aus; ein finnischer Zweig der Familie übernahm das Anwesen, in dessen Besitz es sich samt Ruine und Herrenhaus noch heute befindet.

Das ehemalige Abtshaus, heute Besitz der Familie von Witzleben unweit der Klosterruine.

Erst mit der deutschen Romantik vor 200 Jahren wurde das Kloster als Ort der Geschichte wiederentdeckt. Pastor Muhle gehörte zu den ersten, die in den Ruinen nicht einen profanen Steinbruch, sondern eine wertvolle historische Überlieferung sahen. Von 1815 bis 1834 war der aus Ovelgönne (Brake) stammende Diederich Konrad Muhle Pastor in Hude; er schrieb 1825 die erste Chronik des Klosters, ein Text, der deutlich von der zeitgenössischen romantischen Literatur beeinflußt ist. »Da, wo einst hehr und feierlich die Glocke mit weithallendem Tone der Beter Menge in das Haus des Friedens rief, da grollen jetzt die Eulen aus Trümmern, oder aus hochstrebenden Pappeln; wo einst bei der Mette und Vesper der Nachhall des Hosiannah den Bringer des Friedens und der Seligkeit vergegenwärtigte, da nisten jetzt räuberische Marder und Iltisse. So hat sich gewandelt die ehemalige Herrlichkeit, daß man es kaum wagt, aus ihrem Nachlaße zu vermuthen, wie sie war. Doch dem Forscher zieht aus den öden Mauern ein Bild vorüber, welches

Parkansicht des Herrenhauses von Witzleben.

ihn nicht als ein Geschöpf der Phantasie umgaukelt, sondern welches ihm, geführt von der Hand der Geschichte und des Alterthums, die Ruine selbst darstellen.«

Im frühen 19. Jahrhundert, zu Lebzeiten Muhles, wurde das Kloster in einen englischen Landschaftspark eingegliedert. Der Park war der pädagogische Rahmen für die steinernen Dokumente. Das Ensemble wurde nun wiederholt beschrieben und gemalt.

An das Konzept des Landschaftsparks hat die Sanierung und Rekonstruktion der Ruine in den 1990er Jahren angeknüpft. Von den Bremer Landschaftsplanern Müller-Glassl und Partner wurden die alten Wege wieder freigelegt und der dichte Holunder-Bewuchs gelichtet.

Nach der Wiederherstellung entwickelt sich der Huder Klosterbezirk nun mehr und mehr zu einem beliebten Ausflugsziel. Tatsächlich kann in Hude die Schönheit und Authentizität des Zisterzienserklosters besonders intensiv erlebt werden.

Neben der eigentlichen Ruine und der komplett erhaltenen Torkapelle, der heutigen evangelischen Kirche, verweisen auch andere Bauten zumindest mit ihren Grundmauern auf die Klosteranlage. Die Wassermühle, die Klosterschänke und auch das Gutshaus der Familie von Witzleben reichen bis ins ausgehende Mittelalter zurück.

Um sich ein Bild vom Umfang des Zisterzienserklosters zu machen, lohnt sich ein Besuch in der Sammlung zur Klostergeschichte. Hier sieht man neben originalen Fundstücken auch eine Rekonstruktion der Gesamtanlage.

Die Grundriss-Rekonstruktion des Huder Kirchenschiffes (aus: Müller, »Die Ruinen des Klosters Hude im Großherzogtum Oldenburg«, Bremen 1867, siehe Abb. Seite 14) zeigt dunkel ge-

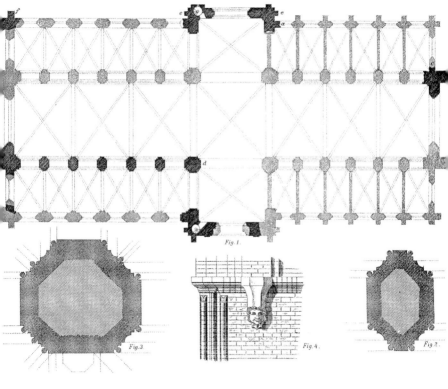

Rekonstruktion der Huder Klosterkirche – dunkel gefärbt sind die bis heute erhalten gebliebenen Bautteile.

färbt die erhaltenen Teile der im 13. Jahrhundert entstandenen Klosterkirche. Die vor Ort vorzufindende mächtige Mauer ist ein südlicher Wandabschnitt des Mittelschiffs. Nach der Epoche des Niedergangs und Verfalls – die Ruine diente bis ins 18. Jahrhundert als Steinbruch – begann mit der Wiederentdeckung des Bauwerks in Zeiten der Romantik (von Muhle bis Allmers) die Erhaltung. Heute lassen sich im Mauerwerk die verschiedenen Sanierungsstufen ablesen. Neben den alten, verwitterten Klosterformatsteinen erkennt man auch unschwer die in den 20er Jahren des 20. Jahrhunderts eingesetzten Industriesteine. Sie besitzen eine glatte Oberfläche und tragen teilweise sogar noch den Herstellerstempel. Die jüngste Sanierung, die Anfang der 1990er Jahren abgeschlossen werden konnte, bemühte sich um die endgültige Bewahrung des nationalen Kulturgutes. Nach Sicherung der Konstruktion bekamen die Mauerfragmente eine (deutlich sichtbare) Bleiabdeckung, so daß keine Feuchtigkeit mehr in das Mauerwerk eindringen kann. Um trotz der Bleiabdeckung noch das Bild verwitternder Steine zu bieten, wurden Ziegellagen auf die Bleibahn aufgemauert.

Die Kapelle

Die ehemalige Torkapelle des Zisterzienserklosters, jetzt Pfarrkirche St. Elisabeth, wurde um 1245 in Form eines einschiffigen Backsteinbaus errichtet. Seit der Zerstörung des Klosters ab 1536 war auch die Torkapelle, in der ehemals die Gäste des Klosters ihre Andachten abhielten, einige Jahre dem Verfall ausgesetzt, bis sie schließlich zunächst als Privatkapelle, dann als Friedhofskapelle und schließlich als Gemeindekirche wieder ihre ursprüngliche Funktion als Gotteshaus übernahm. An dem sakralen Bau hat sich über die Jahrhunderte hinweg nur wenig verändert: Gegen Ende des 18. Jahrhunderts wurde das Mauerwerk neu verputzt. 1820 bekam der Bau einen Dachreiter aufgesetzt, der bei der Neuverdachung 1971 erneuert wurde. Von 1985 bis 1989 konnte die Kirche restauriert werden.

Im Jahr 1905 wurde unter dem dicken Putz des Chorraumes ein Freskenzyklus aus dem 14. Jahrhundert wiederentdeckt, in dem u.a. auch die Heilige Katharina von Alexandrien und die Heilige Elisabeth von Thüringen, die die Schutzpatronin der Kirche ist, dargestellt werden. Eines der kostbarsten Kunstgüter der Kirche ist der aus dem 14. Jahrhundert stammende Altaraufsatz, auf dem in 24 Bildern der Lebens- und Leidensweg Christi wiedergegeben wird. Die Kanzel von 1672 ist mit den Figuren der vier Evangelisten ausgestattet.

Die ehemalige Wassermühle des Klosters – Anfang des 20. Jahrhunderts
(linke Seite) und heute – genutzt als »Galerie Klostermühle«.

Bahn, Industrie und Strukturwandel

Eine wichtige Entwicklungsstufe in der Geschichte Hudes stellte die Eröffnung der Bahnlinie Bremen–Oldenburg 1867 und der damit verbundene Bau des Bahnhofes dar. Erst im ausgehenden 19. Jahrhundert bildete sich als Folge dessen der Ortskern Hudes so wie wir ihn heute kennen heraus. Zahlreiche Wohn- und Geschäftshäuser wurden neu gebaut. Die Parkstraße entstand.

Nach der Anbindung an das noch neue, aber bereits sehr wichtige Verkehrsmittel siedelte sich zudem Industrie in Hude an: Im Jahre 1907 übernahm Theodor Mügge das bereits 1882 gegründete Torfstreuwerk in Hude. Er pachtete zusätzlich zu den Moorflächen, die bereits abgetorft wurden, noch weitere 100 ha Moor hinter dem Reiherholz dazu und konnte bis zum Zweiten Weltkrieg ein äußerst leistungsfähiges Torfwerk mit zeitweise bis zu 40 Arbeitern aufbauen. Der Huder Torf wurde bis in die Schweiz und nach Österreich gehandelt. Deutlich zu sehen sind allerdings die Spuren, die die Torfindustrie in der den Ort umgebenden Landschaft hinterlassen hat: Reste des Moores – wichtige Rückzugsgebiete für Tiere und Pflanzen – findet man nur noch an wenigen Stellen.

Ein weiterer wichtiger Industriezweig, in dem viele Huder Anstellung fanden, war die »Bremer Chemische Fabrik AG«, in der seit 1890 neben Wasch- und Wundbenzin auch das Autobenzin »Hudolin« produziert wurde. Nach den erfolgversprechenden Anfangsjahren mußte die Chemische Fabrik bereits im Ersten Weltkrieg wieder geschlossen werden, da kein Rohöl aus Amerika mehr bezogen werden konnte. 1936 wurden Kesselhaus und andere Werksanlagen gesprengt, einige Jahre später auch der Fabrikschornstein, den die älteren Huder vielleicht noch als ehemaliges Wahrzeichen des industriellen Aufschwungs des Ortes in Erinnerung haben. Von der »Bremer Chemischen Fabrik AG« sind so nur noch die Wohnhäuser von Direktoren und Werksangehörigen erhalten.

Auch die Großherzoglich Oldenburgische Eisenbahn bot vielen Hudern neue Arbeits- und Verdienstmöglichkeiten. Das große Bahnhofsgebäude, zwischen den Gleisen gelegen, kündete bis zum Abriß von der Bedeutung der Bahn für Hude.

Die verkehrsgünstige Lage von Hude bedingt bis heute weiteres Wachstum. Unmittelbar nach dem Zweiten Weltkrieg kamen zahlreiche Flüchtlinge und Vertriebene in die Gemeinde. Neue Siedlungen wurden großflächig errichtet. Heute bauen Oldenburger und Bremer ihre Häuser in der landschaftlich reizvollen Gemeinde; oder sie erwerben leerstehende Bauernhöfe, um sie

Hude i Oldbg. Original-Fliegeraufn.

Gruss aus Hude. Bahnhof.

Oben: Der Huder Bahnhof aus der Luft gesehen (Vorkriegsaufnahme).
Unten: Der Bahnhof, einst einer der schönsten des Landes, wurde in den
1990er Jahren abgerissen.

umzunutzen. Viele Hundert Huder pendeln jeden Morgen in die
großen Nachbarstädte, die dank Bahn- und Autobahnanschluß
rasch zu erreichen sind. Hude wird mehr und mehr Schlafstadt.

Das landschaftliche und bauliche Bild der Gemeinde spiegelt
die Situation. Zahlreiche Bauernhöfe werden nicht mehr bewirt-
schaftet. Die großen Türen sind durch Wohnzimmerfenster ersetzt, die Lagerböden in Wohnräume verwandelt. Meist erkennt
man die neue Nutzung der Bauernhäuser an den sorgsam aufge-
räumten Höfen. Statt Erntemaschinen stehen jetzt Dreiräder und
Kinderschaukeln vor den ehrwürdigen Häusern. Ganz allmählich
werden auch die Bauernhäuser städtisch.

Das frisch renovierte Wohn- und Geschäftshaus Auf der Nordheide Nr. 8.

Als weitere Folge des Zuzugs von Auswärtigen breitet sich das engere Siedlungsgebiet der Ortschaft immer weiter aus. So wurde am Ladillenring eine ausgebeutete Sandkuhle in ein exklusives Wohngebiet mit Privatsee verwandelt. Auf kleinsten Grundstücken stehen hier prachtvolle Häuser. Nur wenige hundert Meter Fußweg genügen, um alle Stilvarianten der modernen Architektur zu erleben. Auch an der Vielstädter Straße, unmittelbar an der Ortsgrenze, ist ein neues Wohngebiet entstanden.

Zukunftsaufgabe ist die Revitalisierung der Brache der ehemaligen Großverzinkerei an der Langenberger Straße.

Häuser im Ort

Im Folgenden werden die schönsten und interessantesten Häuser Auf der Nordheide, an der Parkstraße und an der Vielstädter Straße vorgestellt. Alle Häuser lassen sich gut zu Fuß erreichen. Allein die beiden Villen, das Pastorenhaus und der »Lindenhof« an der Vielstädter Straße liegen etwas außerhalb.

Auf der Nordheide 8

Eines der schönsten Häuser der Gemeinde steht in der Blickachse der auslaufenden Parkstraße Auf der Nordheide.

Das Geschäftshaus Heinemann wurde um 1908 im Stil der Reformarchitektur errichtet. Neben den typischen Elementen der reformierten Bauweise – Verzicht auf überladende Ornamentik, Bau von hohen Dächern, Einsatz von Erkern und Gauben – zeigt das Haus auch Einflüsse von Jugenstil und Historismus. Der Giebel mit den begleitenden Pilastern und die abgerundeten Erdgeschoß-Fenster sind typische Merkmale einer frühen Reformarchitektur.

Oben: Geschäftshaus Heinemann Auf der Nordheide.

A. B. Tönjes' Hotel, Hude.

Bahnhofsviertel

1878 wurde direkt gegenüber dem Bahnhof das Haus Nr. 2 gebaut. Seit 1898 ist hier ein Gasthaus ansässig.

Das Haus (Bild links) wurde inzwischen in seinem Erscheinungsbild stark verändert: der hohe Giebel ist durch ein Walmdach ersetzt, die Fenstereinschnitte wurden verändert. Allein die westliche Seitenfassade zeigt noch heute ein ursprüngliches Erscheinungsbild.

Der Bahnhofsplatz wurde neu gestaltet. An der Ostseite entstand eine den Platz beherrschende neue Randbebauung mit turmartigem Eckbau. Das Kunstwerk, ein gestürzter und gebrochener Pfeiler, der als Sonnenuhr dient, ist aus Fragmenten des abgerissenen Huder Bahnhofgebäudes gefertigt.

Parkstraße

Die Parkstraße wurde erst nach der Anbindung Hudes an das Bahnnetz im Jahr 1867 angelegt. Die Häuser an der Parkstraße entstanden in der Mehrzahl zwischen 1890 und 1910.

Dank des Bahnhofs wuchs die Gemeinde stärker als zuvor, Hude bekam eine neue Bedeutung. An der Parkstraße entstanden statt traditioneller Bauernhäuser zahlreiche moderne Geschäftshäuser und auch eine Reihe prachtvoller Wohnhäuser. Dank der Bahn entwickelte sich Hude zum Mittelpunkt der bäuerlichen Umgebung.

Ein zweigeschossiges Wohnhaus im Stil der Neorenaissance entstand zur Jahrhundertwende an der Parkstraße 24. Besonders sehenswert ist der Treppenhaus-Risalit mit originaler Haustür und originalen Fenstern.

Das Haus zeigt, daß sich die Huder um die Jahrhundertwende als Städter fühlten. Elemente der traditionellen ländlichen Architektur sind nicht mehr zu entdecken.

Oben: Bahnhofsplatz mit Sonnenuhr; die Uhr wurde aus einem Pfeiler des abgerissenen Bahnhofgebäudes gestaltet.
Unten links: Haus Parkstraße Nr. 24.
Unten rechts: Ansicht der Parkstraße um 1910.

Parkstraße 18

Versteckt hinter Eiben und hohen Eichen, letzte Zeugen einer verschwundenen Hofstelle, liegt an der Parkstraße Nr. 18 eines der schönsten Bauwerke der Gemeinde. Der Huder Arzt Dr. Thye hatte das Wohn- und Praxis-Haus 1925 in Auftrag gegeben.

Oldenburger Architekten entwarfen einen Bau im Stil der Reformzeit – mit hohem Satteldach, Rauhputz, Fensterläden und einem massiven Wintergarten. Obwohl die Architektur in den 20er Jahren des 20. Jahrhunderts schon ein wenig unzeitgemäß war, besitzt das Bauwerk doch eine hohe künstlerische Qualität. Vor allem die zentrale Diele (mit expressionistischer Deckenbemalung), die individuelle Gestaltung eines jeden Zimmers und ein - leider abgerissener - Küchenhaus-Anbau verweisen auf die Übernahme englischer Landhaus-Traditionen, die mit der Stilfreiheit der Zwischenkriegszeit kombiniert wurden.

In Thyes nachgelassener Bibliothek findet man noch heute Schriften von Hermann Muthesius, dem Gründer des Deutschen Werkbundes. Muthesius hatte durch seine Bücher den englischen Landhausstil nach Deutschland gebracht. Die englisch inspirierte Architektur des Hauses an der Parkstraße war folglich keine Laune der Architekten, sondern ein Wunsch des Bauherren.

Im Haus Thye soll zeitweise auch der Maler Ludwig Fischbeck untergekommen sein. Ein Fischbeck-Gemälde des Hauses befindet sich noch heute im Besitz der Thye-Nachfahren.

Parkstraße 44

Der Kapitän Hinrich Oltmanns kannte die Welt. Als er Anfang des Jahrhunderts in Hude eine Villa bauen wollte, konnte ihn der heimische Oldenburger Stil nicht ganz befriedigen. Er beauftragte seinen Baumeister damit, zwar in den Grundformen ein Oldenburger Giebelhaus zu errrichten, es aber im Detail wie eine antike Villa erscheinen zu lassen. Eine große Terrasse mit säulengetragenem Balkon erinnert an klassische römische Architektur. Das weißstrahlende Gebäude mit dem hohen Sockelgeschoß und dem schwarzen Schieferdach konnte im Jahr 1904 fertiggestellt werden.

Rechts: Die Parkstraße um 1920. Im Vordergrund erkennt man das Haus Nr. 44, dahinter liegt das im englischen Stil gebaute Haus Nr. 46.

Haus Dr. Thye, Parkstraße 18.

Parkstraße 46

1906 entstand direkt neben dem Haus Oltmanns eine Villa, deren Architektur nicht vom südlichen Italien, sondern vom Norden beeinflußt scheint. Die Verbindung von Putz und Ziegel, der Fachwerkgiebel und die vier hohen, dominanten Schornsteine wirken wie eine Übernahme englischer Landhausarchitektur. Das unter Denkmalschutz stehende Haus wurde sorgfältig restauriert.

Parkstraße 51, 53

Der Auktionator Heinrich Haverkamp errichtete 1907 eines der größten Wohnhäuser an der Parkstraße. Die Architektur ist ganz traditionell gehalten, Einflüsse der modernen Reformarchitektur sind noch nicht zu erkennen.

Bei allem Befolgen traditioneller Grundformen zeigt das Haus doch eine überaus kreative Ausgestaltung: Giebel mit angedeutetem Fachwerk, unterschiedliche Erker, kleine Loggia im Dachdreieck. Die Details vermitteln das Bild eines ganz individuellen Hauses.

Rathaus

Das heutige Rathaus (kleines Bild links) wurde im Jahr 1710 von Pastor Justus Hermann Strackerjan als Brinksitzerei errichtet. Seit der Mitte des 16. Jahrhunderts war es Neuansiedlern gestattet, sich auf den früheren Gemeinheiten der alteingesessenen Bauern niederzulassen und dort ihre Höfe zu errichten - sie wurden nach der Lage ihrer Höfe als »Brinksitzer«, d.h. als am Rand Siedelnde, bezeichnet. Das Gebäude ist wesentlich älter als die meisten anderen Häuser an der Parkstraße, die erst nach der Eröffnung der Eisenbahnlinie 1867 errichtet wurden. Deutlich zu erkennen ist heute noch trotz aller Modernisierungen die ehemalige Nutzung des Gebäudes als Bauernhof.

Rechts: Haus Parkstraße 46 – aufgenommen einmal um 1910 und einmal im Jahr 2006

Parkstraße 56

Das Haus Parkstraße Nr. 56 (im Bild rechtes Haus) wurde 1906 als schlichter Kubus mit flachem Walmdach errichtet. Die Fassadengliederung ist streng symmetrisch. Im Jahr 1912 übernahm Kolonialwarenhändler Johann Mönning das Geschäftshaus in bester Lage. Das kleine Bild zeigt Mönnings Sohn Heinz im Geschäft (Frühjahr 1930). Leider wurde durch Umbauten die Erdgeschoß-Fassade inzwischen stark verändert.

Parkstraße 58, 62

Das Haus Nr. 58 (Bild oben, mittleres Haus)) wurde 1910 im Stil der Reformarchitektur errichtet. Die Fassade ist abwechslungsreich gegliedert: In der Mittelachse ist eine kleine Loggia mit angedeutetem halbrund heraustretenden Balkon in die Fassade geschnitten. Im Dachgeschoß wiederholt sich das Motiv als Erker. Das Dach ist als abgewalmtes Mansarddach ausgeführt.

Fast erscheint das Haus Parkstraße 62 (Bild oben, weißes Haus ganz links), das 1906 errichtet worden ist, wie eine kleine Kopie des Hauses Parkstraße 44. Allerdings hat der Baumeister hier die Säulenstellung durch Rundbögen ersetzt.

Haus Bornemann

Die Villen der Industriellen wurden meist als Paläste gestaltet. Der Huder Benzinfabrikant Bornemann, Inhaber der »Bremer Chemischen Fabrik«, jedoch verzichtete auf den Prunk, verzichtete auf Türme und Portale, auf Marmorsäulen und kalt glänzende Hallen.

Der Bremer Architekt Deetjen hat das Haus Bornemann um 1905 errichtet. Deetjen vermied jede repräsentative Geste. Die Größe des Hauses wirkt gestalterisch aufgelöst, die Fassade zerfällt in einzelne unabhängige Bereiche. Wer das Haus Bornemann betrachtet, der sieht Giebel, Gauben und Veranden, gestaltet jeweils wie unterschiedliche kleine Hütten – eine große Villa sieht er jedoch nicht.

Hinter den hüttenförmigen Giebeln verbergen sich unterschiedlichste Räume. Esszimmer und Küchenhaus, Musikzimmer und Treppenhaus – sie alle haben ihr eigenes Äußeres bekommen. Jeder Raum soll an der Fassade ablesbar sein.

Das Haus Bornemann in Hude ist mit den Zeichen des ländlichen Lebens ausgestattet. Rauhputz und Balkenwerk lassen das Haus mehr wie ein bescheidenes Anwesen in weiter Natur denn als die Villa eines Benzinfabrikanten erscheinen.

Der Architekt Deetjen hat es vermieden, mit dem Bau an die nahe Raffinerie zu erinnern. Der zeitgenössische Betrachter bekam den Eindruck, er stehe vor einem abgelegenen Landhaus in schöner, idyllischer Natur. Dabei rauchten nur hundert Meter entfernt die Schlote. Nur hundert Meter entfernt wurden die Bäche verpestet und das Grundwasser verseucht.

Das »Haus Bornemann«, heute »Marienhude«, an der Hohen Straße.

Anfang des Jahrhunderts glaubten die Architekten, daß zurückgezogene Landhäuser die ideale Wohnform seien. Die Idylle sollte die ganze Betriebsamkeit der modernen Welt kompensieren.

Heute befindet sich in dem Landhaus mit Küchenanbau, das weitgehend orginalgetreu erhalten ist, eine Ausbildungsstätte der Kirche. Aus dem »Haus Bornemann« ist »Marienhude« geworden.

Die Chemiefabrik, in der »Hudolin« hergestellt wurde, mußte bereits 1914 wieder geschlossen werden. Zu sehr hatten die Abwässer die Wasserläufe in Hude verpestet. Die Fabrik wurde im Erzgebirge neu aufgebaut.

Vielstedter Straße

Die Vielstedter Straße verbindet den Hasbruch auf der Geest mit dem Ortskern. Die Straße tangiert interessante und geschichtsträchtige Bauten. Die wichtigsten werden hier vorgestellt.

Vielstädter Straße 46, »Lindenhof«

Das sogenannte »Immenburs Haus« (heute »Lindenhof«) wurde um 1678 erbaut und zählte zu den sechs Kötereien Vielstedts, der größten und ältesten Dorfschaft des Kirchspiels, die bereits 1258 in den Klosterakten erwähnt wurde und vermutlich zumindest noch einige Jahrzehnte älter ist. Zu den alteingesessenen Besiedlern eines Dorfes kamen ab ca. 1300 die Köter, die vom jeweiligen Grundherrn zur Ansiedlung und vor allem zur Kultivierung seines Landes herbeigerufen wurden. Diese Bauern wohnten ursprünglich unter ärmlichsten Verhältnissen in einfachen Katen. Betrachtet man allerdings die Ausmaße von »Immenburs Haus«, so wird deutlich, daß es sich hier um Bauern gehandelt haben muß, die sich im Laufe der Zeit einen beträchtlichen Wohlstand erarbeitet hatten.

Das Haus, das der evangelischen Kirche gehört, dient heute weiterhin als Kinderheim.

Vielstädter Straße 48

Die dem Lindenhof benachbarte heutige Pastorei hatte zwei Vorgängerbauten in unmittelbarer Nähe, die jedoch beide abbrannten. Die Baudaten dieser Häuser sind nicht bekannt Zu vermuten ist aber, daß dort bereits Laienbrüder wohnten, als das Kloster noch stand, also im ausgehenden Mittelalter. Das heute noch mitunter als »Madonnenhaus« bezeichnete Gebäude wurde 1742 errichtet und 1844 erweitert; die zur Pastorei gehörenden Nebengebäude wie Stall und Backhaus stehen heute nicht mehr. Nach einem Brand 1883 wurde das Haus in der Form wiederhergestellt, in der wir es heute sehen können. Für ein Pastorenhaus lag es verhältnismäßig weit entfernt von der Kirche. Die ehemalige

Kindererholungsheim Lindenhof

Torkapelle des Huder Klosters wurde nach der Reformation als evangelische Kirche genutzt, doch das umgebende Land gehörte immer noch zum Klosterbesitz, und so konnten sich weder der Pastor, noch das Gemeindehaus in der unmittelbaren Umgebung der Kirche ansiedeln. Doch besonders einigen älteren Huder Pastoren war der Fußweg von der Dauer einer Viertelstunde bald zu beschwerlich. Sie vermieteten die Pastorei an der Vielstedter Straße, um jedenfalls etwas näher an die Kirche heranziehen zu können.

Vielstädter Straße 43

Eleonore von Witzleben ließ sich 1907 ein weißes Landhaus im Oldenburger Stil errichten (Bild unten und folgende Seite). Das Haus ist alles andere als gewöhnlich. Eine breite Freitreppe über-

brückt das hohe Sockelgeschoß und führt auf eine säulengerahmte Veranda. Im Garten befand sich eine geschützte Grotte.

Im Jahr 1918 übernahm Friedrich Wilhelm Peters das Haus. Äußerlich hat sich an dem Gebäude, das unter Denkmalschutz steht, bis heute wenig verändert.

33

Villen an der Vielstedter Straße, links Nr. 43, rechts Nr. 45.

Vielstädter Straße 45

Allein der Zaun ist eine Sehenswürdigkeit. Das 1908 entstandene Haus (gegenüber der Pastorei) gehört zu den gelungensten Beispielen der Reformarchitektur zwischen Oldenburg und Bremen. Jedes Detail ist durchdacht und mit viel Gefühl für die Gesamtwirkung ausgestaltet. Besonders hervorzuheben sind der holzverkleidete Giebel mit dem halbkreisförmigen Fenster, der Erker an der Ecke zur Straße und die in das Mansarddach hinein geschnittene, leicht auskragende Loggia.

Einst bildete das Haus die Siedlungsgrenze des Ortes Hude. Inzwischen ist ein Neubaugebiet dem Haus vorgelagert worden. Hude ist dank der guten Straßen- und Bahnverbindung nach Oldenburg und Bremen bei Zuzüglern beliebt.

Der Hasbruch

Der Hasbruch ist der bedeutendste Urwald im Nordwesten. Doch nicht nur Fauna und Flora des 650 ha großen Waldes sind bemerkenswert. Auch die Kulturgeschichte des Waldes füllt längst ganze Bücher. Seit dem frühen 19. Jahrhundert pilgerten von weither Maler in den Hasbruch, um die alten Eichen und Hainbuchen zu zeichnen. Zu den bekanntesten Hasbruch-Besuchern gehörten Ludwig Philipp Strack (1761–1836) und Ernst Willers (1803–1880). Aber auch Schriftsteller kamen, um über die Schönheit des Waldes zu berichten, unter ihnen Johann Georg Kohl, der 1864 über die alten Eichen schrieb.

Im ausgehenden 19. Jahrhundert, als die Eichen nach Mitgliedern der Oldenburger Fürstenfamilie benannt wurden, besuchten immer mehr Oldenburger, Delmenhorster und Bremer den Wald, um sich hier vom Alltag zu erholen. Ein langer Artikel in der populären Illustrierten »Gartenlaube« verstärkte noch die Bekanntheit des Waldes (siehe auch die Seiten zwei und drei dieses Bandes). Eine »Sommerfrische« auf Bookholzberger Seite sorgte für die Verpflegung der meist mit der Bahn anreisenden Ausflügler.

Im Auftrag des Oldenburger Herzogs wurde 1858, als der Wald noch nicht durch die Eisenbahn als Ausflugsziel erschlossen war, im Zentrum des Waldes eine einfache Holzhütte errichtet. Der Herzog wollte im Wald nicht repräsentieren, sondern im Gegenteil hier der »wilden« Natur zumindest für einige Stunden möglichst nah sein. Die Bescheidenheit des Bauwerks war also Programm.

Das herzogliche Jagdhaus im Hasbruch. Postkarte, Ende 19. Jahrhundert.

Das Forsthaus am Hasbruch im Ortsteil Vielstedt (Bilder oben und unten). Eine Umorganisation in der niedersächsischen Forstverwaltung hat dazu geführt, dass das Haus aufgegeben wurde.

Auch heute noch ist der Hasbruch, der vollständig unter Naturschutz steht, ein attraktiver Wald. Zwar ist die Amalieneiche umgestürzt, doch mit der Friederikeneiche steht noch immer einer der ältesten Bäume Deutschlands in seinem Zentrum. Im Frühjahr zieht die Blüte der Buschwindröschen, die weiße Teppiche auf dem Waldboden bilden, die Besucher in den Wald. Und auch wilde Primeln und Ochideen lassen sich im Wald entdecken. Nur sei darauf hingewiesen, daß im Hasbruch die Wege nicht verlassen werden dürfen. Auch Pilzesammeln und Blumenpflücken ist untersagt.

Leider hat der Hasbruch im Jahr 2005 sein Forstamt verloren – in Hannover wurde am grünen Tisch die Aufgabe des alteingesessenen Amtes verfügt.

Oben und unten: »Sommerfrische Hasbruch« – eine Gaststätte an der Bookholzberger Seite. Die Postkarten zeigen neben dem Gebäude auch die be-
rühmten Hasbruch-Eichen. Die Postkarten wurden um 1950 (oben) und um
1900 (unten) in den Verkehr gebracht.

Linke Seite: Amalieneiche, Postkarte um 1920.

Das Vielstedter Bauernhaus. Es beherbergt heute, wiederaufgebaut nach einem Brand, ein Heimatmuseum, das die bäuerlichen Lebensweisen auf der Geest zeigt.

Das Moor

Nördlich von Hude, unweit des Ortskerns, erstrecken sich umfangreiche Moorgebiete. Wenn man von der Parkstraße in die Königstraße einbiegt und ein paar hundert Meter fährt, befindet man sich mitten im ehemaligen Moor. Zwar sind die meisten Flächen längst abgetorft, doch in vielen Bereichen läßt sich noch immer die besondere Stimmung der Moore erleben. Moorinseln stehen noch mancherorts auf den Wiesen, deren Abtorfung, aus welchen Gründen auch immer, unterblieben ist (oftmals sind es alte Wege durchs Moor, unter denen die Torfschicht nie weggestochen wurde). An nassen Stellen wächst das Wollgras – und wer Glück hat, entdeckt an den Gräben den wohlriechenden, selten gewordenen Gagelstrauch.

An der Maibuscher Straße und an den stillen Klosterwegen, an denen bis vor wenigen Jahren noch Torf gestochen wurde, liegen einsame, bescheidene Bauernhäuser (Bild rechte Seite oben). Das abgetorfte Moor bot nur kargen Boden, auf dem bäuerlicher Reichtum kaum gedeihen konnte.

Am Rande des Moors nahe des Ortsteils Pfahlhausen liegt die Gaststätte »To'n Drögen Schinken« (Bild rechte Seite Mitte). Der Landgasthof gehört zu den Ansiedlungen, die ab 1845 im Huder und Maienbuscher Moor und hinter dem Reiherholz errichtet wurden, nachdem das Land dort entwässert worden war, um die landwirtschaftliche Nutzung der nur wenige Hektar großen Höfe zu ermöglichen.

Nördlich des Gasthofs erstreckt sich das »Wittemoor«, auch »Wildbahn« genannt. Das Holler- und das Wittemoor gehören zu einem Hochmoorrest des südlichen Randmoores der Hunte-Wesermarsch. Das Moor ist hier etwa 7000 Jahre alt. Zwar war auch hier der Torfabbau Mitte des 20. Jahrhunderts weit vorangeschritten, doch hatte es hier nie industriellen Abbau gegeben. Vielmehr betrieben die Bauern den Torfstich im Nebenerwerb – mit der Folge, dass das Gelände durchlöchert und zerrissen, nicht aber vollständig zerstört ist. Durch eine konsequente Wiedervernässung, die seit einigen Jahren vorangetrieben wird, auch durch das Abholzen der wasserentziehenden Birkenbestände, soll das Wittemoor allmählich seinen urprünglichen Moorcharakter zurück erhalten.

Das Kerngebiet des Wittemoors ist Naturschutzgebiet und darf nicht betreten werden. In den Randbereichen sind aber, ausgehend vom »Drögen Schinken« attraktive Wanderungen möglich.

Verlasssener Bauernhof im Huder Moor.

Gaststätte »To'n Drögen Schinken«, Postkarte 1920er Jahre.
Unten: Fragmente eines alten Torfstichs im Huder Moor.

Holpriger Weg durch das Huder Moor: Der Kleine Klosterweg.

Rekonstruktion eines Bohlenwegs

Bereits in ur- und frühgeschichtlicher Zeit nutzten die Bewohner des Nordwestens die Hunte als wichtigen Handelsweg. Um Zugang zum Fluß zu erhalten, mußten die Hochmoore mit ihren Gefahren überwunden werden. Als eine der frühesten Formen von Straßenbau und Verkehrsführung entstanden so überall in der Weser-marsch eisenzeitliche Bohlenwege, auf denen die Moore zwischen Geest und Flüssen nahezu sicher überquert werden konnten.

Dank der hervorragenden konservierenden Eigenschaften des Moores konnte auch im Wittemoor ein Bohlenweg entdeckt und in den 1960er Jahren freigelegt werden, der nach dendro-chronologischen Untersuchungen auf das Jahr 129 v. Chr. datiert wurde. Auf der ehemaligen Trasse des Bohlenweges von der Geesthochfläche bei Hude bis hinunter zur Hunte findet man heute eine genaue Teilrekonstruktion, die Besuchern auch anhand einer Informationstafel Bau und Zweck des prähistorischen Weges veranschaulichen soll.

Bei den Ausgrabungsarbeiten wurden neben dem Bohlenweg liegend zwei menschenförmige Holzfiguren von etwa einen Meter Höhe gefunden, die ursprünglich rechts und links des Weges aufgestellt waren. Vermutlich waren diese beiden Figuren das Symbol für ein Götterpaar, das den auf dem Weg Vorüberziehenden Schutz vor den Tücken des Moores gewähren sollte. Die Originale liegen im Oldenburger Landesmuseum für Natur und Mensch in Oldenburg.

Winter in der »Wildbahn«

Die Holler Kirche

Die St.-Dionysius-Kirche in Holle liegt weithin sichtbar auf einer natürlichen Sandkuppe von 5,7 m über Normalnull, in unmittelbarer Nähe zum Huntedeich. Bereits in ur- und frühgeschichtlicher Zeit zog dieser, in der flachen Landschaft ganz stattlich wirkende Hügel die Aufmerksamkeit der Menschen auf sich: Ein auf einer Länge von fast drei Kilometern nachzuweisender Bohlenweg aus dem 4. Jahrhundert v. Chr. führte in Nordsüdrichtung direkt zum Hügel.

Die nach holländischen Siedlern benannte »Hollenderkerken« selbst wurde im Jahr 1230 erstmals urkundlich erwähnt. Ursprünglich schloß sich an den rechteckigen, einschiffigen Grundriss der Kirche im Osten ein schmaler Raum mit halbrunder Apsis an, die im Klinkerfußboden des Chorraumes angedeutet ist. Eine Inschrifttafel außen an der Kirche weist darauf hin, daß 1741 die Osthälfte der Kirche, die ein Jahr zuvor eingestürzt war, neu aufgebaut und dabei verlängert wurde.

1868 errichtete man an der Westmauer einen Backsteinturm, der am 2. Mai 1945 ein trauriges Schicksal erlitt: Die deutschen Truppen sprengten ihn, um den anrückenden kanadischen Truppen den Ausblick in das Hinterland des nördlichen Hunteufers zu verwehren. Dabei wurden auch die Westfassade, ein Teil der Kirche und die 1717 von Christian Vater in Hannover gebaute Orgel zerstört. Der direkt nach dem Krieg begonnene Wiederaufbau dauerte bis 1949. Es wurde eine neue Langhauswestwand aufgemauert, ein Chorbogen errichtet, eine Holzbalkendecke eingezogen und der Dachreiter aufgesetzt. Die Kirche wurde 1977/78 renoviert.

Im Inneren der Kirche sollte man die Porträts des Pastorenehe-
paares Rosa beachten – Johannes Rosa war von 1602 an Pastor
in Holle, wo er die Witwe seines Vorgängers heiratete. Es wird
vermutet, daß er 1637 die Anfertigung der Kanzel durch Ludwig
Münstermann in Auftrag gab (Bild rechte Seite: Detail der Kanzel).
Beachtenswert ist auch der achteckige Taufstein aus Oberkirch-
ner Sandstein, der 1982 in Gebrauch genommen wurde. Die aus
Messing getriebene Taufschale stammt aus dem Jahr 1626. Von
einer Statuette des Kirchenpatrons Dionysius ist leider nur noch
ein Sockel erhalten.

Sehenswert ist zudem eine Grabplatte von Johann Mönnich
(gest. 1645) und seiner Frau Lücke (gest. 1652). Über dem in
Festtagskleidung dargestellten Ehepaar sieht man Gott-Vater, der
eine Krone trägt. Gott hat den Arm um Jesus gelegt, der aus seiner linken Brust in einem hohen Bogen Blut in einen Abendmahls-
kelch spritzt (Bild unten).

Für den Friedhof der Kirche galt noch 1809 folgendes Motto:
»Ein jeder gräbt seine Leiche nach Gefallen ein, wo etwa die Ge-
beine der Seinigen ruhen oder wo er sonst Platz findet.« Von dem
Friedhof auf dem Kirchenhügel aus kann man den weiten Blick
in die tief liegende Moormarsch genießen – das Gebiet um die
Holler Kirche herum ist Landschaftsschutzgebiet.

Epitaph Johann Mönnich und Frau.

Detail der Münstermann-Kanzel. Münstermann wurde berühmt durch seine lebensnahen Figurendarstellungen.

Rund um Hude – in Wüsting, Holle, Vielstedt, Kirchkimmen, Maibusch, Hudermoor und Nordenholz – befinden sich sehenswerte Landschaften mit Wiesen, Wäldern und Mooren. Zudem stehen auch hier bemerkenswerte Bauten. Im Ortsteil Holle wurden vor etwa Hundert Jahren an der Landstraße in Richtung Oldenburg villenartige Wohnhäuser errichtet, die vom erstaunlichen Wohl-

stand der Bauern im ausgehenden 19. Jahrhundert zeugen (Bild rechte Seite ganz unten).

An der Maibuscher Straße, noch nicht weit entfernt von Huder Ortskern, steht eine ganz typische gründerzeitliche Ziegelvilla mit weißem Putzdekor (Bild links) – ein städtisches Haus mit ländlichem Anbau.

Am Reiherholz ließ Anfang des 20. Jahrhunderts ein zugezogener Städter eine romantische Villa errichten (Bild rechte Seite Mitte).

Auf der Geest in Nordenholz oder Vielstedt verfügten jedoch die Bauern auch im ausgehenden 19. Jahrhundert nicht über die Mittel, um sich Privatvillen zu errichten. Auf der Geest blieb das Rauchhaus, das von Mensch und Tier gleichermaßen bewohnt wurde, bis in das 20. Jahrhundert hinein die übliche Behausung. Das Vielstedter Bauernhaus, nach einem Brand wiederaufgebaut, ist ein schönes Beispiel für die Bauform auf der Geest (siehe Seite 40/41). Ganz bescheidene Köterhäuser entstanden an den einsamen Nebenstraßen im Moor. Den Häusern sieht man noch die Entbehrungen an, die die erste Generation der Moorbesiedler ertragen mußten. Inzwischen befinden sich aber auch die kleinen Köterhäuser vielfach in nicht-bäuerlichem Besitz – und strahlen so frisch und gepflegt wie nie zuvor. Im Moor stehen aber daneben auch einige großzügige Anwesen – manche Bauern kamen auch auf kargem Boden zu Wohlstand. Reichtum und Armut lagen in der Landschaft rund um Hude nah beieinander.

Doch auf dem Land sind nicht allein die Bauernhäuser sehenswert. Das Holler Schöpfwerk hinter dem Huntedeich erscheint wie ein nüchterner Zweckbau – und ist doch dank der hohen Fenster ein ganz markantes Gebäude (Bild rechte Seite oben).

Das Holler Schöpfwerk an der Hunte.

Die Villa eines Städters in Pfalhausen am Reiherholz.

Unten: Bäuerliche Villa in Holle.

Künstler

Hude ist ein Künstlerort. Die reizvolle Landschaft zwischen Geest und Moor hat manche Künstler angezogen – gestern und heute. Selbst aus München, so heißt es, sind Mitte des 19. Jahrhunderts die Maler angereist, um vor allem die Eiche des Hasbruchs zu malen. Auch die Oldenburger Hofmaler Strack und Willers traf man im 19. Jahrhundert im Wald. In ihren Werken sind durchaus die Hasbruch-Eichen zu entdecken.

Zu den fast vergessenen Namen gehört der Nordenholzer Maler Wilhelm Ahlers, dessen Werk bislang kaum bekannt geworden ist. Er portraitierte in den 1920er Jahren die Bauern und das bäuerliche Leben im Ortsteil Nordenholz.

Unweit von Hude, auf der anderen Seite des Hasbruchs. lebte der Maler Ludwig Fischbeck, der wiederholt die Eichen des Hasbruchs aber auch die Dörfer und Landschaften der Umgebung malte.

Einer der renommiertesten Huder Künstler der Gegenwart ist der Bildhauer Wolf E. Schultz.

Schulz, der 1940 in Swinemünde geboren wurde und der seit Mitte der 1980er Jahre in Hude ansässig ist, hat sich mit Skulpturen aus Holz und Metall einen Namen gemacht. Seine Arbeiten stehen an vielen Orten in der Gemeinde. Am Skulpturenufer am Huder Bach kann man seine Werke (inzwischen sind es allein hier 40) genauso betrachten wie vor dem Huder Rathaus.

Der »Artesische Brunnen« im Ortsteil Kirchkimmen (Bild Seite 58) aus dem Jahr 1985 gehört zu seinen bekanntesten Arbeiten.

In der Mühlenstraße kann nach Voranmeldung ein Ausstellungsraum mit seinen Arbeiten besichtigt werden.

Die Bilder zeigen Eichen im Hasbruch – gemalt von Ludwig Fischbeck
(Bilder Gemeinde Ganderkesee).

Wilhelm Ahlers: Bauern im Gespräch (1928).

Unten: Wolf E. Schulz, Artesischer Brunnen im Ortsteil Kirchkimmen.

Adressen

Rathaus
Parkstraße 53, 27798 Hude,
Tel.: 04408/9213-0

Die Galerie Klostermühle
Galerie für zeitgenössische Kunst
Anette Hadrich
27798 Hude
Tel. 04408/597

Touristik-Palette
Auskünfte zu Sehenswürdigkeiten, Veranstaltungen sowie
Buchungsmöglichkeit von Führungen durch den Ort
Parkstraße 106, 27798 Hude,
Tel. 04408/8090950
(Mo. + Mi. 16–18 Uhr)

Impuls – Kunst und Kultur in Hude e.V.
Vorsitzender Dr. Karl-Heinz Ziessow
Bremer Str. 31, 27798 Hude
Tel.: 04408/923353

Altmoorhauser Scheunenatelier
Gisela Hollmann-Niederdorf
Dorfstr. 20, 27798 Hude-Altmoorhausen
Tel .: 04484-/920916

Wolf E. Schultz, Bildhauer
Skulpturenhaus
Ladillenweg 28, 27798 Hude
Tel.: 04408/923177

Adressen

Hotel Burgdorf
Hohe Straße 21, 27798 Hude
Tel: 04408/7575 + 98070 • Fax: 04408/8306
www.gasthof-burgdorf.de

Hotel garni - Helga Kallisch
Vielstedter Straße 11a • 27798 • Hude
Tel: 04408/8385 • Fax: 04408/8446

Hotel und Restaurant Klosterschänke
von-Witzleben-Allee 3 • 27798 • Hude
Tel: 04408/7777 + 98080 • Fax: 04408/2211
www.klosterschaenke-hude.de

Restaurant Vielstedter Bauernhaus,
Am Bauernhaus 1, 27798 Hude,
Tel. 04408/369, Fax 04408/60806
www.vielstedter-bauernhaus.de

Restaurant & Cafe Am Golfplatz
Lehmweg 1, 27798 Hude
Tel.: 04408/9290922, Fax: 04408/929092 0

Jugendherberge Hude
Linteler Straße 3, 27798 Hude
Tel: 04408/414, Fax: 04408/970322
E-Mail: jh-hude@djh-unterweser-ems.de